LA
PASSION SELON SAINT MATTHIEU

DE

J.-S. BACH

Première audition au Cirque des Champs-Élysées
le 51 mars 1874.

PARIS

IMPRIMERIE CENTRALE DES CHEMINS DE FER

A. CHAIX ET Cie

RUE BERGÈRE, 20, PRÈS DU BOULEVARD MONTMARTRE

1874

LA
PASSION SELON SAINT MATTHIEU

DE

J.-S. BACH

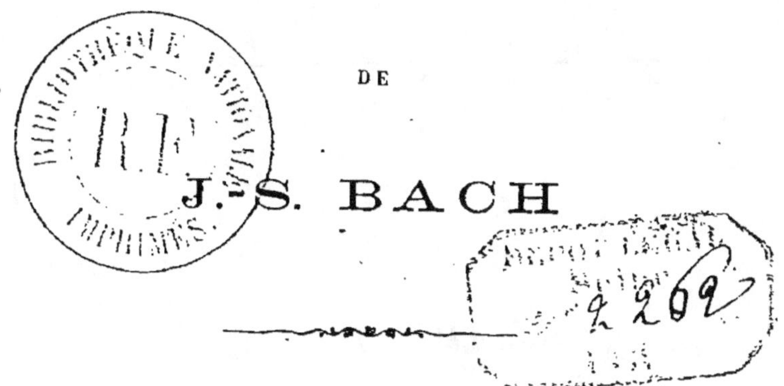

Première audition au Cirque des Champs-Élysées
le 31 mars 1874.

PARIS

IMPRIMERIE CENTRALE DES CHEMINS DE FER

A. CHAIX ET Cie

RUE BERGÈRE, 20, PRÈS DU BOULEVARD MONTMARTRE.

1874

LA

PASSION SELON SAINT MATTHIEU

I

J.-S. BACH

NOTICE BIOGRAPHIQUE

Bach (Jean-Sébastien), un des plus grands musiciens de l'Allemagne, et peut-être le plus grand de tous, naquit le 21 mars 1685, à Eisenach, où son père, Jean-Ambroise, était *musicien de cour et de ville*. Il était à peine âgé de dix ans quand il devint orphelin ; privé de ressources, il fut obligé de chercher un asile auprès de son frère aîné, Jean-Christophe Bach, organiste à Ordruff, qui lui donna les premières leçons de clavecin. Son heureuse organisation pour la musique se manifesta bientôt, et la rapidité de ses progrès surpassa tout ce que l'on pouvait espérer. Ne trouvant pas dans la musique qu'on lui faisait étudier de difficultés qu'il ne pût vaincre en peu de temps, elle lui devint bientôt insuffisante. Les compositeurs les plus célèbres de ce temps-là, pour le clavecin, étaient Froberger, Fischer, J.-G. de Kerl, Pachelbel, Buxtehude, Bruhns, Bœhm, etc. Le jeune Bach avait remarqué certain livre qui contenait plusieurs pièces de ces auteurs et que son frère cachait avec soin ; son instinct musical lui en avait révélé le mérite ; mais, quelles que fussent ses instances auprès de son frère pour qu'il lui prêtât ce livre, elles furent toujours sans succès. Le désir de posséder ce trésor, devenu plus vif par le refus qu'il éprouvait, lui suggéra la pensée de chercher à se le procurer par la ruse. L'objet de ses souhaits ardents était renfermé dans une armoire, fermée seulement par une porte en treillis; les mains de l'enfant étaient assez petites pour passer à travers les mailles; il parvint à rouler le livre, qui était couvert seulement en papier, et à le tirer dehors. Bach résolut alors de le copier; mais ne pouvant y travailler que la nuit et n'ayant point de chandelle, il fut obligé de le faire à la clarté de la lune, et il s'écoula près de six mois avant que cette pénible tâche fût remplie. Enfin il était en possession de cette copie qui lui avait coûté tant de peines, et il commençait à en faire usage en secret, lorsque son frère s'en aperçut et la lui enleva sans pitié. Il ne put la recouvrer qu'à la mort de Jean-Christophe, qui arriva peu de temps après.

Jean-Sébastien, se voyant abandonné à lui-même, se rendit à Lunebourg avec un de ses camarades d'étude, nommé Erdmann, et tous deux s'engagèrent comme choristes à l'église de Saint-Michel de cette ville, et y suivirent le cours d'études du Gymnase. Tourmenté du désir de se fortifier sur le clavecin et sur l'orgue, le jeune Bach recherchait avidement les occasions de voir et d'entendre tout ce qui pouvait hâter ses progrès dans son art. Plusieurs fois il fit le voyage de Hambourg pour y entendre le célèbre organiste J.-A. Reinke; il visita aussi la chapelle du duc de Celle, qui était composée, en grande partie, d'artistes français. De Lunebourg il se rendit à Weimar, où il devint musicien de la cour en 1703, à l'âge de dix-huit ans; mais l'ennui qu'il éprouvait d'être obligé de jouer du violon à l'orchestre, au lieu de toucher l'orgue, et le désir qu'il avait de cultiver son talent sur ce dernier instrument, lui firent quitter cette place dans l'année suivante, pour celle d'organiste de la nouvelle église d'Arnstadt.

L'aisance que lui procura ce nouvel emploi le mit en position d'acquérir les ouvrages des meilleurs organistes, et de les étudier sous le double rapport de la composition et de l'exécution. La proximité où il était alors de Lübeck le détermina à faire plusieurs fois à pied le voyage de cette ville, pour entendre le fameux organiste Dietrich Buxtehude, dont il admirait les œuvres. Le jeu de ce grand artiste eut pour lui tant de charme qu'il se décida à passer secrètement trois mois à Lübeck pour y étudier sa manière.

Déjà les talents de Bach étaient connus et le faisaient rechercher; plusieurs villes de Saxe et du Palatinat se disputaient sa possession. En 1707, il accepta la place d'organiste de l'église de Saint-Blaise à Mühlhausen; mais ayant fait un voyage à Weimar, l'année suivante, pour y jouer de l'orgue devant le duc régnant, son talent y causa tant d'admiration, que la place d'organiste de la cour lui fut offerte sur-le-champ. De tels succès, loin de diminuer en lui l'amour de l'étude et du travail, ne faisaient que l'accroître et lui faire désirer d'atteindre plus près de la perfection. Outre ses études comme organiste, il avait entrepris de grands travaux pour acquérir de profondes connaissances dans l'harmonie, et il écrivait beaucoup, soit pour l'orgue, soit pour l'église.

Ses efforts furent récompensés en 1717 par sa nomination à la place de maître des concerts du duc de Weimar. Zachau, habile organiste à Halle et maître de Hændel, mourut vers cette époque; sa place fut offerte à Bach; il se fit entendre, pour justifier le choix qu'on avait fait de lui, mais, par des motifs qui ne sont point connus, il n'accepta pas cette place.

Jean-Sébastien Bach avait atteint sa trente-deuxième année; son talent était dans toute sa force et l'Allemagne retentissait du bruit de ses succès, lorsque Louis Marchand, célèbre organiste français, alors exilé de Paris, arriva à Dresde et charma toute la cour d'Auguste, roi de Pologne, par son jeu brillant et léger. Le roi offrit à cet artiste des appointements considérables pour le déterminer à se fixer à Dresde; mais Volumier, maître des concerts de la cour, qui vraisemblablement était jaloux de la faveur naissante de Marchand et qui connaissait la supériorité de Bach, conçut le projet d'établir entre ces deux artistes une lutte dont le résultat devait être désavantageux à l'organiste français. Il invita donc Jean-Sébastien à se rendre à Dresde, et s'empressa de lui procurer l'occasion d'entendre Marchand en secret. Bach se rendit justice et proposa sur-le-champ un défi à celui qu'on lui présentait comme si redoutable, s'engageant à improviser sur des thèmes que Marchand lui présenterait, à la condition que l'épreuve serait réciproque. Marchand accepta cette proposition, et le lieu du rendez-vous fut fixé, avec l'agrément du roi. Au jour convenu, une brillante société se réunit chez le comte Marshal, ministre d'État. Bach ne se fit pas attendre; il n'en fut pas de même de son antagoniste. Après un long délai, on envoya chez lui; et l'on apprit avec étonnement qu'il était parti le jour même, sans prendre congé de personne. Bach joua donc seul, et sur des thèmes qu'il avait entendu traiter par Marchand, improvisa longtemps avec une admirable fécondité d'idées et une perfection d'exécution qu'aucun autre ne possédait. Il fut comblé d'éloges, mais on dit qu'il ne reçut point un cadeau de cent louis que le roi lui avait destiné, sans qu'on ait pu jamais expliquer cette circonstance. Les biographes allemands, qui ne connaissent Marchand que par la réputation dont il a joui, s'étendent avec complaisance sur la gloire dont Bach se couvrit en cette occasion; mais on ne peut considérer le projet de mettre en parallèle l'organiste français avec ce grand musicien que comme une insulte faite à celui-ci. Il se peut que Marchand ait eu ce qu'on appelle une exécution brillante, mais ses compositions sont misérables. On n'y trouve que des idées communes, une harmonie faible, lâche, incorrecte; son ignorance du style fugué est complète. Telle était son infériorité à l'égard de Bach, qu'il n'est pas sûr, malgré sa fuite précipitée, qu'il l'ait bien sentie et qu'il ait compris tout le danger de sa position.

Bach était revenu depuis peu à Weimar, quand le prince Léopold d'Anhalt-Cœthen, grand amateur de musique, lui offrit en 1720 la place de maître de sa chapelle. Bach entra immédiatement en possession de cet emploi. Le long séjour de Jean-Sébastien dans cette résidence et l'existence douce et calme qu'il y avait trouvée furent favorables à ses études, ainsi qu'au besoin de produire des compositions de tout genre qui tourmentaient incessamment son génie. Durant cette époque, il fit un second voyage à Hambourg (vers 1722), pour y voir encore une fois Reinke, alors presque centenaire; il y toucha devant lui l'orgue de l'église de Sainte-Catherine, et improvisa pendant plus d'une heure d'une manière si sublime sur le choral *an Wasserflüssen Babylons*, que le vieux Reinke lui dit avec attendrissement : *Je croyais que cet art était perdu, mais je vois que vous le faites revivre.*

A la mort de Kühnau, en 1723, Bach fut nommé directeur de musique à l'école de Saint-Thomas de Leipzig; ce fut son dernier changement de position. Il garda cette place jusqu'à sa mort. Vers le même temps, le duc de Weissenfels le nomma maître honoraire de sa chapelle, et, en 1736, il reçut le titre de compositeur du roi de Pologne, électeur de Saxe. Depuis sept ans, il était à Leipzig, lorsque son deuxième fils, Charles-Philippe-Em-

manuel, entra au service de Frédéric II, roi de Prusse. La réputation de Jean-Sébastien remplissait alors toute l'Allemagne;
Frédéric exprima plusieurs fois le désir qu'il avait de le voir et
voulut que son fils l'engageât à venir à sa cour; mais Bach, alors
accablé de travaux, ne donna pas d'abord beaucoup d'attention
aux lettres de Charles-Philippe-Emmanuel. Enfin ces lettres de-
vinrent si pressantes qu'il se décida à faire ce voyage, et, en
1747, il se mit en route avec son fils aîné, Guillaume-Friedemann.
Frédéric avait tous les soirs un concert, où il jouait quelques
morceaux sur la flûte : au moment où il allait commencer un
concerto, un officier lui apporta, suivant l'usage, la liste des
étrangers arrivés à Potsdam dans la journée. Ayant jeté les yeux
dessus, il se tourna vers les musiciens et s'écria : *Messieurs, le
vieux Bach est ici.* Aussitôt la flûte fut mise de côté et le vieux
Bach, sans avoir pu quitter ses habits de voyage, fut conduit au
palais. Le roi, ayant renoncé à son concert pour ce soir-là, proposa d'essayer les pianos de Silbermann qui se trouvaient dans
plusieurs salles du palais; les musiciens les suivirent de chambre
en chambre, et Bach improvisa sur chaque instrument qu'il rencontra. Enfin il pria Frédéric de lui donner un sujet de fugue :
il le traita de manière à faire naître l'admiration parmi tous les
musiciens qui étaient présents, quoiqu'il ne l'eût point préparé.
Étonné de ce qu'il venait d'entendre, le roi lui demanda une
fugue à six parties, demande à laquelle Bach satisfit à l'instant
sur un thème qu'il s'était choisi lui-même. Frédéric désirait juger
de son talent d'organiste : le jour suivant, Bach improvisa sur
toutes les orgues de Potsdam, comme il avait joué la veille sur
tous les pianos de Silbermann. Après son retour à Leipzig, il
écrivit une fugue à trois parties sur le thème du roi, un *ricercare*
à six, quelques canons avec l'inscription : *Thematis regii elabora-
tiones canonicæ*; il y joignit un trio pour la flûte, le violon et la
basse, et il dédia le tout à Frédéric, sous ce titre : *Musikalisches
Opfer* (Offrande musicale).

Le voyage de Jean-Sébastien Bach à Berlin fut le dernier qu'il
fit. L'ardeur qu'il portait au travail et qui souvent, dans sa jeu-
nesse, lui avait fait passer des nuits entières à l'étude, avait altéré
sa vue; l'affaiblissement de cet organe augmenta beaucoup dans
ses dernières années, et la cécité finit par devenir presque complète. Quelques amis, qui avaient confiance dans l'habileté d'un

oculiste anglais arrivé récemment à Leipzig, le déterminèrent à tenter l'opération : elle manqua deux fois, et non-seulement Bach perdit entièrement la vue, mais sa constitution, jusqu'alors vigoureuse, fut altérée par les souffrances et le traitement qu'il lui fallut subir. Sa santé déclina pendant près d'un an, et, le 30 juillet 1750, il expira dans sa soixante-sixième année. Dix jours avant, il recouvra tout à coup l'usage de ses yeux. Il voyait distinctement et pouvait supporter la lumière du jour; mais, quelques heures après, il fut frappé d'une attaque d'apoplexie suivie d'une fièvre inflammatoire, qui l'enleva en peu de temps à sa famille et au monde musical.

Cet homme célèbre s'était marié deux fois. De sa première femme, fille de Jean-Michel Bach, il avait eu sept enfants, parmi lesquels deux fils, Guillaume-Friedemann et Charles-Philippe-Emmanuel, se montrèrent dignes d'un tel père. Sa seconde femme, bonne cantatrice, lui donna treize enfants, au nombre desquels étaient huit fils, dont le plus jeune, Jean-Chrétien, acquit de la célébrité comme compositeur dramatique. Jean-Sébastien Bach eut donc vingt enfants, à savoir onze fils et neuf filles. Tous ses fils montrèrent d'heureuses dispositions pour la musique : mais quelques-uns seulement prirent un rang distingué dans leur art.

FÉTIS.

(Biographie universelle des Musiciens.)

II

LA PASSION SELON SAINT MATTHIEU.

Dans la musique religieuse, les *Passions* forment à elles seules un véritable cycle, qu'un volume ne suffirait pas à étudier. Il n'est pas de sujet liturgique vers lequel les compositeurs de toutes les époques aient été plus souvent attirés, depuis l'enfance de l'art et le siècle des *Mystères* et de la *Confrérie de la Passion*, jusqu'à nos jours. Il n'en pouvait être autrement : le drame n'est-il pas là à sa plus haute puissance ? et la musique, le plus expressif des arts, ne devait-elle pas nécessairement chercher, presque aussitôt née, à en colorer et à en rendre plus sensibles les ineffables tristesses et la poésie grandiose ?

Ce cycle, *la Passion selon saint Matthieu* de Sébastien Bach le domine dans un isolement glorieux ; elle est le point culminant d'une période d'élaboration artistique qui remonte à un demi-siècle avant Bach et qui s'est continuée après lui, sans que ses successeurs semblassent se douter que le dernier mot avait été dit depuis longtemps.

Rien qu'en examinant cet admirable ouvrage, on se convainc facilement que Bach n'a pas dû en créer le genre de toutes pièces : l'ordonnance générale d'un oratorio tel que *la Passion selon saint Matthieu* suppose des précédents, des habitudes prises, des mœurs musicales et religieuses bien établies, et dont l'intervention fréquente du peuple par les cantiques, renouvelée des premiers temps du christianisme, est l'un des caractères les plus saillants. Aussi l'histoire de la musique dans l'Église réformée vient-elle à l'appui de nos inductions. D'après le désir de Luther, qui tenait à conserver l'usage de chanter solennellement la Passion, il fut fait à Wittenberg, en 1573, une traduction allemande de cette partie de l'Évangile, avec les récits notés et des chœurs à quatre parties au début et à la fin : on la trouve dans le *Gesangbuch* de Keuchenthal. En 1588, Barthélemi Gese (*Gesius*) mit en musique *la Passion selon saint Jean ;* dans ce curieux ouvrage, les paroles de Jésus sont chantées à quatre parties ; celles de Pierre et de Pilate à trois, celles des servantes et des valets du grand prêtre à deux : les *turbæ,* la multitude, chantent à cinq parties ; le tout est terminé par un chœur également à cinq parties. Heinrich Schütz (*Sagittarius*), l'un des musiciens les plus distingués de son temps, écrivit vers 1660 une partition pour chacune des quatre Passions : son travail offre déjà un grand intérêt. L'année même de la mort de Schütz (1672), Johann Sebastiani mettait au jour, à Kœnigsberg, une *Passion* à cinq voix, dans laquelle, pour la première fois, l'évangéliste chante une partie écrite en récitatifs, au lieu de la psalmodie ecclésiastique usitée jusqu'alors, et, pour la première fois aussi, les instruments remplacent l'orgue dans l'accompagnement.

Au début du dix-huitième siècle, les progrès de la musique dramatique deviennent plus sensibles dans les *Passions* que les musiciens allemands continuent à composer sans relâche. En 1704, paraît l'oratorio de Reinhold Keyser, *der Blutige und sterbende Jesus* (Jésus sanglant et mourant), sorte de paraphrase de l'Évangile, où ce maître a introduit les *soliloquia*, airs en forme de méditation (*reflektirende Arien*) à propos des principaux épisodes du récit sacré, et que nous retrouverons dans Sébastien Bach. En 1712 et en 1729, Keyser écrivit deux autres partitions analogues, sur un texte du poëte hambourgeois B.-H. Brockes, qui a servi également à Telemann, à Mattheson et à Hændel pour composer leurs *Passions*, et auquel Bach lui-même a emprunté quelques morceaux pour sa *Passion selon saint Jean*. On sait que Hændel a mis deux fois en musique le drame évangélique, en 1704 et en 1717.

C'est à cette époque que Bach entre en scène ; on voit qu'il ne manqua pas de prédécesseurs (1). Les successeurs ne lui firent pas défaut non plus : les *Passions* de G.-P. Weimar, de J.-F. Fasch, qui en écrivit plusieurs, *la Mort de Jésus* de Graun, et bien d'autres, sont là pour l'attester (2).

Et cependant nous avons pu dire qu'au milieu de cette quantité d'œuvres similaires, celle de Bach restait isolée ; de fait, elle l'est doublement. Par sa valeur d'abord : dans nulle autre on ne trouve cette grandeur de conception, cette profondeur et cette noblesse de pensée, cette variété de moyens, cette science immense de l'effet et des combinaisons, dont est fait le génie de Bach ; ce maître, en adoptant une forme déjà créée, sut la renouveler et la faire sienne, techniquement et esthétiquement. Ensuite, par le concours des circonstances : l'œuvre et sa réputation ne sont pas sorties de Leipzig pendant près d'un siècle ; Bach ne fut point avide de gloire, les communications à cette époque étaient rares et difficiles, et les artistes allemands se confinaient volontiers dans le cercle étroit de leurs relations de petites villes. Le respect tout

---

(1) Les recherches qu'a faites à ce sujet Frédéric Rochlitz, le célèbre critique, n'ont pas dû être bien consciencieuses, car, d'après lui (*für Freunde der Tonkunst*, t. IV, p. 412 et suiv.), Bach aurait été le premier à mettre la Passion en musique.

(2) On pourrait encore citer, mais pour mémoire seulement, les représentations plastico-musicales de la Passion, célèbres dans toute l'Allemagne, qui ont encore lieu chaque année dans l'Ober-Ammergau.

platonique dont quelques initiés entouraient *la Passion selon saint Matthieu* après la mort de son auteur, n'allait pas jusqu'à la faire exécuter, ni jusqu'à en prôner les mérites au dehors; on se contentait de savoir qu'on possédait un trésor dans les archives de la Thomaskirche, on en était modestement fier, et c'était tout. Il fallut toute l'autorité du nom de Mozart, qui, passant à Leipzig en 1789, avait manifesté son admiration pour Sébastien Bach, en entendant quelques motets de lui, pour qu'on se décidât à faire des recherches parmi les innombrables manuscrits laisssés par ce grand homme et à en mettre en lumière un certain nombre par des exécutions plus fréquentes; encore *la Passion* attendit-elle cent ans sa résurrection.

Appelé à succéder à Kühnau en 1723, dans les fonctions de *cantor* ou directeur de la musique et des chœurs de Saint-Thomas et Saint-Nicolas, les deux principales églises de Leipzig, Jean-Sébastien Bach y rencontra un homme savant et zélé, le pasteur Salomon Deyling, qui, de son côté, comprit bientôt ce que pouvait valoir une collaboration telle que celle du grand musicien. Tous deux réunirent leurs efforts pour donner au service religieux tout l'intérêt et tout l'éclat compatibles avec la sévérité des principes luthériens; et le produit le plus considérable de l'activité que Bach ne cessa de déployer dans ce sens, pendant les vingt-sept ans qu'il conserva ses fonctions, c'est-à-dire jusqu'à sa mort, est *la Passion selon saint Matthieu*, qui fut exécutée pour la première fois, dans l'église Saint-Thomas, le vendredi saint de l'année 1729, à l'office de l'après-midi, une prédication en séparant les deux parties (1).

Le plan adopté par Bach se rapproche beaucoup de celui de

----

(1) On a attribué à Bach jusqu'à cinq *Passions*; mais il n'en est que deux dont on puisse affirmer l'authenticité, celle selon saint Matthieu et celle selon saint Jean, bien inférieure à l'autre, moins développée et composée vraisemblablement beaucoup plus tôt; toutes deux sont publiées. La troisième, selon saint Luc, qui serait la première en date, existe en manuscrit; elle est actuellement en la possession d'un M. Hauser, de Munich. L'écriture est bien celle de Bach; cependant, vu la faiblesse de l'œuvre, on hésite à la lui attribuer; car il existe des preuves que ce travailleur prodigieux, dont les productions effraient l'imagination par leur nombre et leur importance, trouvait encore le temps de copier pour son usage des partitions entières d'autres auteurs. Sur les deux dernières, on n'a que des données vagues.

Reinhold Keyser, dont les compositions sur le même sujet, exécutées quelques années auparavant à Hambourg, avaient eu un certain retentissement. Les versets de l'Évangile sont entremêlés de chœurs, de *soliloquia*, de chorals, commentant les uns et les autres le texte sacré, dans une unité à peu près constante de sentiments, dont la beauté de la musique peut seule dissimuler la monotonie : ceux-ci avec la naïveté et la franchise populaires, ceux-là sous la forme plus recherchée et plus artistique de la polyphonie vocale, admirablement entendue, et de l'*air*, expressif au plus haut degré chez Bach : ce dernier est généralement précédé du récitatif mesuré et accompagné (appelé *arioso* dans *la Passion selon saint Jean*), qu'il ne faut pas confondre avec le simple récit du ténor narrateur, *recitativo secco*, d'une allure rapide, et soutenu seulement par quelques accords intermittents.

Pour se faire une idée à peu près exacte du rôle que joue le choral dans une œuvre de ce genre, il faut savoir que, dans l'Allemagne protestante, ce chant religieux, dérivé principalement des mélodies liturgiques romaines, mais qui a pris avec le temps un caractère tout spécial, fait pour ainsi dire partie de la vie ordinaire. Appris à l'école autant qu'à l'église, il s'impose, plus que les cantiques des réunions catholiques, à la mémoire de l'enfant, et reste dans celle de l'homme fait, parce qu'il est chanté non-seulement au temple par tous les assistants, mais encore quotidiennement dans la plupart des familles (1). L'introduction d'un certain nombre de chorals, c'est-à-dire de l'élément populaire, dans *la Passion*, dut donc paraître à Sébastien Bach et à Deyling chose toute naturelle, nécessaire même ; c'était rester dans l'esprit de la religion du libre examen, c'était en même temps vivifier l'œuvre, dans laquelle chaque auditeur devenait exécutant. Cependant il serait injuste d'en faire exclusivement honneur à ces deux hommes éminents, et Julius Rietz, qui commet cette erreur dans la préface, d'ailleurs pleine d'intérêt, qu'il a placée en tête

---

(1) Le meilleur ouvrage écrit sur le choral, son origine et ses transformations, est celui de Winterfeld, *der Evangelische Kirchengesang* (le Chant de l'Église évangélique), 3 vol. in-4°, Leipzig, 1843-1847. Il a été fait une substantielle critique de cet important travail par Fétis, dans la *Revue et Gazette musicale* de 1850. On sait que quelques-uns des plus beaux chorals protestants sont l'œuvre de Luther lui-même.

de l'édition de *la Passion selon saint Matthieu*, donnée par la *Bachgesellschaft* de Leipzig, a oublié que les deux *Passions* de Hændel, antérieures, l'une de vingt-cinq, l'autre de douze ans à celle de Bach, offrent déjà un exemple de l'emploi des chorals, dans des conditions semblables.

Le choral est toujours harmonisé par Bach à quatre voix, doublées par l'orchestre, ainsi que par l'orgue et le *continuo* ou basse continue ; on trouve dans les parties originales qui existent encore, copiées tout entières de la main de l'auteur, la preuve qu'il a voulu cette union des voix et des instruments, malgré l'absence d'indication à cet égard dans la partition, autographe également. Pourtant, l'usage s'est établi en Allemagne, depuis Mendelssohn, de faire chanter les chorals de *la Passion* par les voix seules. A l'église, dans le service religieux ordinaire, le choral est toujours accompagné par l'orgue.

Un des chorals est répété jusqu'à cinq fois sur des paroles diverses : c'est celui qui porte dans la partition les nᵒˢ 21, 23, 53, 36 et 72. Les deux premières fois, il est simplement transposé; mais dans les trois dernières versions, l'harmonie varie avec les sentiments que le musicien a eu à exprimer. Le choral nᵒ 3 se répète au nᵒ 25, où il alterne avec un solo de ténor.

Les paroles des *soliloquia*, airs, récitatifs et chœurs, sont l'œuvre d'un rimeur d'imagination assez pauvre, dont on a pourtant imprimé plusieurs fois les œuvres complètes : Chrétien-Frédéric Henrici, plus connu sous le pseudonyme de *Picander*. Cette poésie était sans doute tout ce qu'on désirait alors pour un semblable sujet.

La masse chorale est divisée en deux parties, accompagnées par deux orchestres (et même par deux orgues, ce qui était possible dans une église, où toute la place pouvait être utilisée, puisqu'il n'y avait point d'auditeurs proprement dits, mais serait peu praticable dans nos salles de concerts). Quand ces deux chœurs dialoguent, le premier représente en général les fidèles, le second les *turbæ*, les profanes. Cependant, cette règle est loin d'être strictement suivie partout ; de même que le choix, dans l'un ou l'autre chœur, des solistes chargés des récitatifs expressifs et des airs, n'est pas toujours rigoureusement motivé par le sens des paroles. Mais tous les personnages de l'Évangile (à l'exception des deux témoins, nᵒ 39) appartiennent au premier chœur.

Tous ces morceaux sont d'une beauté achevée. Si l'on veut bien aire abstraction de certaines formes d'écriture, où le temps a laissé son empreinte, de vocalises qu'on peut, sans manquer de respect au génie de Bach, trouver intempestives, de quelques ornements vocaux peu justifiés, mais imposés pour ainsi dire par le goût de l'époque, on ne trouvera plus qu'à admirer ; et ceux qui ne connaissent que le Bach des fugues et de la musique d'orgue, c'est-à-dire le maître des maîtres en musique scolastique, — et ceux-là sont nombreux, — ne se sentiront pas sans quelque étonnement émus de cette variété et de cette grandeur d'accents, de cette grâce un peu sévère, que le chantre de *la Passion* a puisées dans une intime union avec son sujet, et surtout dans une foi profonde et naïve. Et si la fugue n'a pour eux que ronces et épines, ils ne manqueront pas de savoir gré à l'homme chez qui elle coulait de source, comme la moindre romance chez nos compositeurs contemporains, de n'en avoir pas glissé une seule dans ce grand ouvrage. Il s'est borné, dans les morceaux d'ensemble, au contre-point et à ses artifices, employés avec une aisance et un naturel que lui seul a possédés à un si haut degré.

Le récitatif évangélique n'a rien de particulièrement remarquable. Il est écrit de façon à être débité couramment, mais il exige un ténor doué d'un organe solide, montant facilement, prononçant bien, et par-dessus tout un bon musicien, qui ne se laisse pas surprendre par les difficultés d'intonation dont sa partie est parsemée, sans qu'elle en ait d'ailleurs le monopole, car les écueils ne sont pas davantage épargnés aux autres. Le style vocal de Bach, tout en n'étant pas aussi coulant que celui des maîtres italiens, ses contemporains, n'en est pas moins pur, ferme et irréprochable. La fréquence des notes aiguës, notamment dans la partie du ténor récitant, s'explique par la différence qui existe entre notre diapason actuel et celui d'alors, plus bas d'un demi-ton au moins.

L'orchestre de *la Passion* est peu nourri, mais très-suffisant, si on ne l'annihile pas par un nombre disproportionné de choristes (1). A cette époque où la symphonie n'existait pas et où certaines

---

(1) Bach avait à sa disposition d'autres instruments que ceux qu'il a employés : par exemple le basson, la trompette, etc. S'il s'en est abstenu, ce n'est sans doute pas sans de bonnes raisons. Il nous paraît donc difficile d'approuver le travail de réorchestration fait par M. Robert Franz, dans la nouvelle édition de *la Passion* publiée à Leipzig par Breitkopf.

habitudes de sonorité, certaines conventions de groupement instrumental, ne s'étaient pas encore établies, les compositeurs ne suivaient guère que leur instinct pour orchestrer ; et l'intuition toujours si sûre de Bach l'a admirablement servi pour cette partie de son travail. Quelques-uns des instruments qu'il emploie sont introuvables ou inusités aujourd'hui : par exemple le hautbois d'amour (*oboe d'amore*), le hautbois de chasse (*oboe da caccia*), la viole de jambe (*viola da gamba*). Les deux premiers peuvent, la plupart du temps, être remplacés par le hautbois ordinaire et le cor anglais : les timbres ne diffèrent pas beaucoup, et il est rare que les légères différences d'étendue entre ces instruments et ceux dont on se sert aujourd'hui soient une cause sérieuse de difficulté pour l'exécution. Quand à la viole de jambe ou basse de viole, type du violoncelle, et accordée à l'octave grave de l'ancienne viole de bras (*viola da braccia*, devenue en allemand, par corruption de ce dernier mot, *bratsche*, l'alto moderne), il en existe encore quelques spécimens, et on trouverait même, sans chercher bien loin, un artiste de talent pour la jouer.

Bach et Hændel accompagnaient eux-mêmes le *recitativo secco* avec un clavecin, en réalisant le chiffrage du *basso continuo*. L'emploi de cet instrument, et plus tard du piano, a toujours été de tradition en Allemagne dans ce cas. En Angleterre, on a la mauvaise habitude d'éxécuter l'accompagnement du récitatif en arpéges sur un violoncelle soutenu d'une contre-basse.

Les paroles de Jésus, et celles-là seules, dans le récitatif, sont accompagnées par tous les instruments à cordes, en accords soutenus. C'est là, outre une solennité et une ampleur plus grandes, le caractère distinctif des phrases que doit chanter le Sauveur.

La Passion selon saint Matthieu, avons-nous dit, fut exécutée pour la première fois le vendredi saint de l'année 1729, dans

---

(1) Hærtel, où l'on voit, pour ne citer qu'un cas, *dix* instruments faisant cortége à la voix dans l'air de ténor n° 41, au lieu d'une simple *viola da gamba* écrite par Bach. L'orchestration de Bach a été écrite en vue d'une certaine sonorité : si on se borne, comme l'a fait M. Franz, à ajouter des instruments, l'équilibre est détruit. Bach eût certainement traité d'une autre façon les instruments qu'on trouve dans sa partition, s'il avait voulu ou pu se servir en même temps de ceux que lui a si libéralement prêtés M. Franz.

l'église Saint-Thomas de Leipzig. Il est à peu près certain qu'elle ne fut pas entendue nulle part depuis, jusqu'à ce que Mendelssohn, jeune et plein d'ardeur, élevé par Zelter dans l'admiration de Bach, entreprit et mena à bonne fin la résurrection de ce chef-d'œuvre, juste cent ans après qu'il se fut révélé au monde musical. C'est un curieux récit qu'il faut lire dans le volume d'Édouard Devrient, *Souvenirs de F. Mendelssohn-Bartholdy*, et dont M. Edmond Neukomm a donné un intéressant résumé dans la *Revue et Gazette musicale*, nᵒˢ 4 et 5 de l'année 1873. Devrient s'était chargé du rôle de Jésus, qu'il appelle « la plus lourde tâche qui puisse incomber à un chanteur ». — L'élan une fois donné, on monta *la Passion* un peu partout en Allemagne, où elle est maintenant au répertoire; la Hollande et l'Angleterre l'ont également fait entendre à diverses reprises. Dans ce dernier pays, la première exécution date du 6 avril 1854; elle a été donnée par la *Bach Society*, sous la direction de M. Sterndale Bennett. Mais ce n'est guère qu'en 1870, à la quatrième audition, que l'ouvrage parut compris et apprécié à sa valeur.

En France, nous pouvons dire que *la Passion* de Bach est à peu près inconnue. La première partie et le chœur final ont bien été exécutés au Panthéon, en 1868, sous la direction de M. J. Pasdeloup; mais cette initiative méritoire n'a pas produit tout l'effet désirable, parce que, le terrain n'étant pas prêt, elle est restée isolée et sans retentissement suffisant. La tentative actuelle aura cet avantage que les esprits sont aujourd'hui plus mûrs pour la compréhension de cette grande musique, tant par les progrès généraux qu'a faits chez nous depuis quelques années le sentiment artistique, que par les auditions magnifiques du *Messie*, la meilleure préparation, l'initiation la plus efficace qu'on ait pu désirer pour le public de *la Passion*.

Ch. BANNELIER.

(Revue et Gazette musicale du 29 mars 1874.)